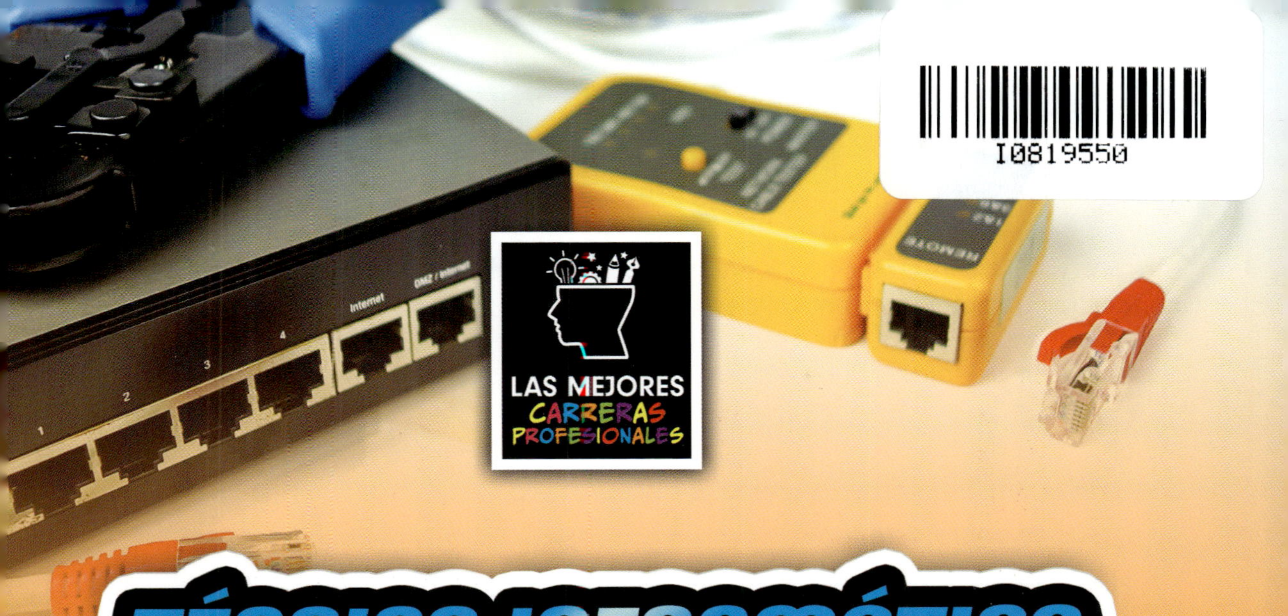

LAS MEJORES CARRERAS PROFESIONALES

TÉCNICO INFORMÁTICO

Un libro de Las Ramas de Crabtree

Escrito por B. Keith Davidson
Traducción de Santiago Ochoa

Apoyo escolar para cuidadores y maestros

Este libro de alto interés está diseñado para motivar a los estudiantes dedicados con temas atractivos, mientras desarrollan la fluidez, el vocabulario y el interés por la lectura. A continuación se presentan algunas preguntas y actividades para ayudar al lector a desarrollar sus habilidades de comprensión.

Antes de leer:

- *¿De qué pienso que trata este libro?*
- *¿Qué sé sobre este tema?*
- *¿Qué quiero aprender sobre este tema?*
- *¿Por qué estoy leyendo este libro?*

Durante la lectura:

- *Me pregunto por qué...*
- *Tengo curiosidad de saber...*
- *¿En qué se parece esto a algo que ya conozco?*
- *¿Qué he aprendido hasta ahora?*

Después de leer:

- *¿Qué intentaba enseñarme el autor?*
- *¿Cuáles son algunos detalles?*
- *¿Cómo me ayudaron las fotografías y los pies de foto a entender más?*
- *Vuelve a leer el libro y busca las palabras del vocabulario.*
- *¿Qué preguntas tengo aún?*

Actividades de extensión:

- *¿Cuál fue tu parte favorita del libro? Escribe un párrafo sobre ella.*
- *Haz un dibujo de lo que más te gustó del libro.*

En mi comunidad 4
¿Qué necesito? 8
Habilidades especiales 10
Condiciones de trabajo 16
Los desafíos que enfrentarás 24
Una profesión gratificante 26
Glosario 30
Índice analítico 31
Sitios web para visitar 31
Sobre el autor 32

EN MI COMUNIDAD

Una comunidad es un grupo de personas que viven y trabajan juntas. Estos grupos de personas se unen con el propósito común de hacer de su ciudad o pueblo un lugar mejor para vivir.

Cada persona tiene un papel que desempeñar y todos los miembros de la comunidad dependen unos de otros.

Un técnico en tecnología de la información, también conocido como técnico informático, juega un papel importante en la comunidad. El técnico informático repara nuestra tecnología e instala los dispositivos y el **software** que usamos todos los días para conectarnos con el mundo.

25 %
Instalando
CANCELAR
click here for more information

¿QUÉ NECESITO?

Tener conocimientos de computadoras y tecnología es un buen comienzo para ser un técnico informático. Para algunos puestos en tecnología de la información, todo lo que necesitas es un diploma de escuela secundaria y un certificado de un colegio comunitario.

Otras empresas prefieren contratar a candidatos con un título de cuatro años de estudio en un campo relacionado con la informática. Muchas empresas están dispuestas a formar técnicos informáticos en el trabajo.

HABILIDADES ESPECIALES

Los técnicos informáticos ayudan a las personas con los problemas de sus computadoras. Necesitan tener excelentes habilidades de comunicación para dar instrucciones claras. En muchos casos, el técnico trabaja de modo **remoto** y confía en la información de los usuarios que tienen pocos conocimientos técnicos.

Los técnicos informáticos también deben estar **certificados** en programas especiales relacionados con software, sistemas operativos o, incluso, el sector que atiende su empresa.

¿Cuál es la diferencia entre un técnico informático y un programador de computadoras? Los programadores de computadoras diseñan software y escriben código. Los técnicos informáticos instalan el software y hacen el mantenimiento de las computadoras y redes.

A veces, el problema está en el **hardware** de la computadora o en alguna de sus partes, y otras veces en el software. El técnico debe entender cómo funciona el software con diferentes computadoras. En ocasiones los virus pueden propagarse entre diferentes computadoras. Los virus están diseñados para dañar las computadoras o robar información.

Cuando una computadora ha sido pirateada, significa que alguien que no es el usuario ha obtenido el control sobre ella. Los piratas informáticos instalan software malicioso sin que el usuario de la computadora lo sepa.

Correo electrónico
software malicioso

Los técnicos informáticos necesitan tener conocimientos básicos en muchos sectores diferentes. La salud, las ventas y el entretenimiento son solo algunos sectores que tienen necesidades específicas de software y hardware.

Las empresas de software específico para negocios suelen tener sus propios programas de formación para técnicos informáticos. Debido a los estándares de este sector, los técnicos deben saber cómo realizar ese trabajo.

El técnico debe comprender cómo funcionan estas tecnologías y cómo **optimizarlas** para sus **clientes**.

CONDICIONES DE TRABAJO

Algunos técnicos informáticos trabajan en oficinas. Muchos otros trabajan de modo remoto, en centros de llamadas o en sus propios hogares. Reciben llamadas de clientes que les consultan sobre problemas.

Los técnicos acceden a la computadora del cliente de modo remoto o hablan con él sobre el problema. Esto puede significar que pasen muchas horas en el teléfono.

Otros técnicos informáticos van a las empresas o las casas de las personas para solucionar sus problemas informáticos.

Pueden visitar varios hogares o negocios en un día.

Las tiendas de computadoras también emplean técnicos informáticos en sus sedes para ayudar a los clientes. Estos técnicos pueden ayudar a los clientes a elegir computadoras, impresoras y otros dispositivos. Pueden ayudar a explicar el software y cómo instalarlo.

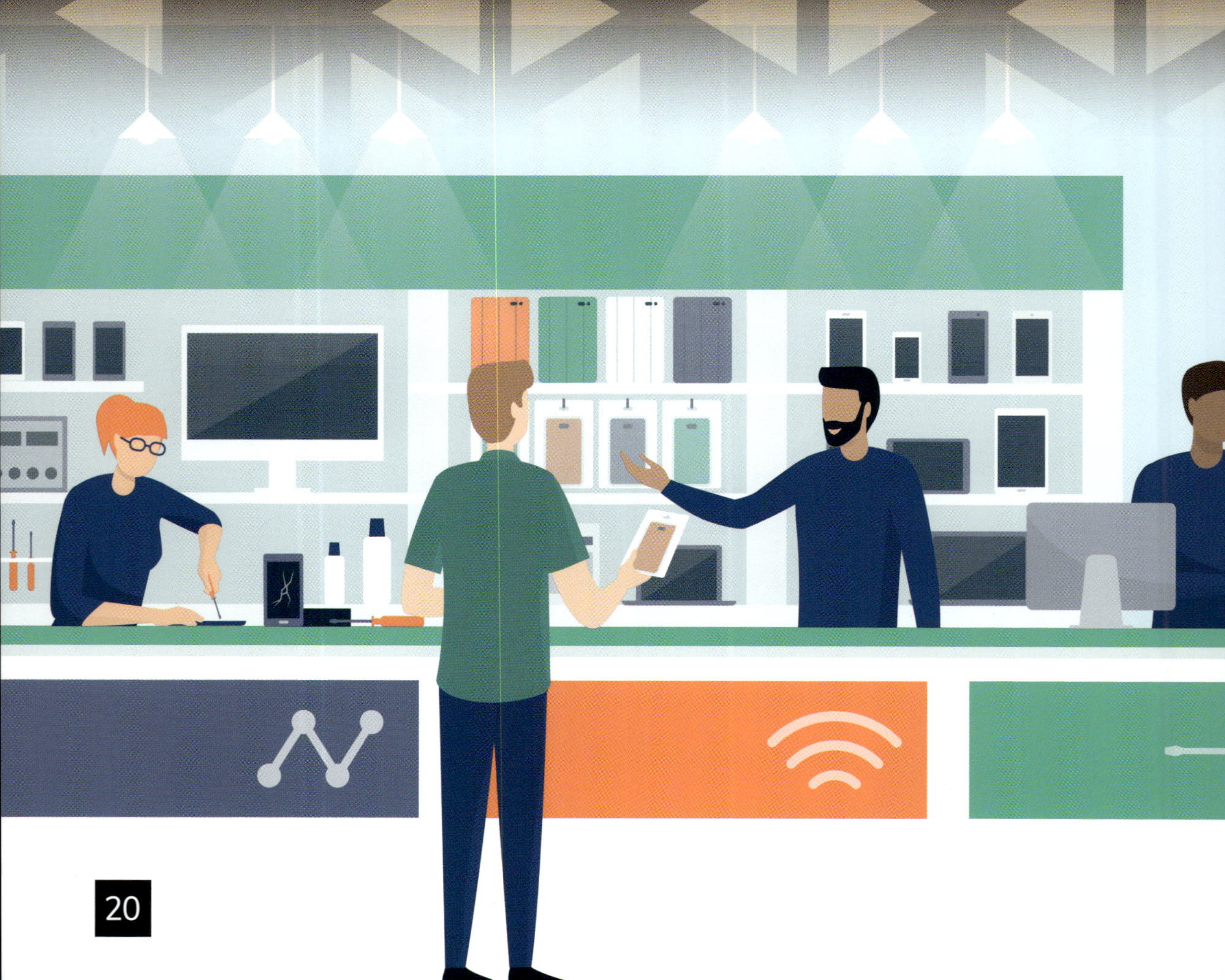

La Oficina de Estadísticas Laborales de Estados Unidos pronostica un crecimiento del 13 por ciento en los trabajos relacionados con la informática en los próximos 10 años. Este porcentaje es más alto que el del aumento total del empleo.

La labor de un técnico siempre es la misma sin importar el lugar donde trabaje. Los técnicos informáticos ayudan a las personas y las empresas a conectar sus dispositivos e instalar su software, y aseguran que todo funcione sin problemas.

Algunos técnicos informáticos también son expertos en ecologías. Las nuevas tecnologías están haciendo de nuestro mundo un lugar más ecológico, y los técnicos informáticos están ayudando a conectar a las empresas con el software y los dispositivos que las hacen más eficientes.

LOS DESAFÍOS QUE ENFRENTARÁS

En cualquier trabajo siempre hay desafíos y el trabajo de un técnico informático no es la excepción. Por ejemplo, algunos programas de software solo funcionan en determinados dispositivos.

Algunos clientes quieren que su tecnología funcione de una manera para la que no fue diseñada.

UNA PROFESIÓN GRATIFICANTE

Trabajar como técnico informático es gratificante. Puedes conectar a las personas con el mundo a través de la tecnología y, al mismo tiempo, tener un buen nivel de vida. Sin embargo, el salario normalmente depende del sector.

Especialidad	Rango de salario por año en dólares
Telecomunicaciones	\$68 000 - \$74 220
No residencial	\$63 000 - \$68 500
Oficio especializado	\$56 000 - \$61 700
Residencial	\$46 950 - \$50 000

La tecnología de la información es un campo de trabajo en crecimiento que ofrece muchas oportunidades interesantes para personas de cualquier origen y con habilidades diferentes. También es un trabajo importante, ya que todos los hogares y empresas utilizan la tecnología. Esto hace que esta carrera sea una opción segura para cualquier persona a la que le gusten las computadoras y la tecnología.